27

Ln 4386.

VIE INTIME

DE

FÉLIX CLAVÉ.

Imprimerie de P. Baudouin, rue des Boucheries-S.-G., 38.

VIE INTIME

DE

FÉLIX CLAVÉ,

PROCÈS LAFARGE,

PAR UN

DE SES AMIS.

Le vrai peut quelquefois n'être pas vraisemblable.
BOILEAU.

Oui, mes deux Marie, un jour vous verrez ce nom
dont vous vous êtes jouées si légèrement, vous
le verrez peut-être rayonner de quelque gloire.
FÉLIX CLAVÉ.

(Lettre à Marie Capelle.)

PARIS,

CHEZ LACOUR, ÉDITEUR,
RUE DES BOUCHERIES-S.-G. 38.
PALAIS-ROYAL. — ODÉON.

—

1841

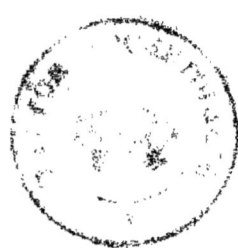

AVANT-PROPOS.

———◦∞◦———

La prévision est comme l'apanage de l'âme qui est douée d'une sensibilité profonde. Respect à ce front pâle, mélancolique et rêveur qui porte le cachet d'une préoccupation mystérieuse, et qui se couvre parfois d'une éclatante rougeur; car il révèle une créature privilégiée, qui sait lire couramment dans le grand livre de l'avenir, indéchiffrable pour les hommes vulgaires. C'est là, me dira sans doute mon lecteur, une idée paradoxale et chimérique,

imaginée pour donner à un récit la teinte
et la physionomie d'un roman. Arrête, pro-
fane, lui répondrai-je aussitôt. Tu n'es pas
initié aux divins mystères de la sensibilité ;
et tu blasphèmes à ton insu. Ce que tu
traites de pure imagination, est le résultat
d'une étude longue et sérieuse, d'un type
éminemment original, du jeune Félix Clavé,
que les circonstances les plus piquantes,
et les plus tragiques, viennent d'élever
sur un piédestal plus brillant et plus so-
lide que les diamants qui ont servi à le
dresser. Dans les plus doux épanchements
de son âme de feu, il avait présagé maintes
fois sa célébrité future...... Si nous cédions
à la vive sympathie qu'il nous inspire, nous
lui tresserions tout d'abord des couronnes,
et l'ornerions de ces fleurs de poésie qu'il
sème sur son passage avec tant de grâce

et de bonheur. Mais nous avons un plus beau rôle à remplir : celui de nous élever, à notre tour, à la dignité d'artiste, en présentant, sous une gaze transparente et légère, quelques traits de cette âme généreuse et chevaleresque, à laquelle des anges apprirent, sans doute, l'art divin de sentir et d'aimer.

VIE INTIME

DE

FÉLIX CLAVÉ.

———◦◦◦———

Au pied de cette longue chaîne de montagnes
bleuâtres et argentées qui séparent la France de
l'Espagne, s'élèvent, comme pour servir de premier plan à ce magnifique tableau, des milliers de
collines onduleuses et verdoyantes, presque toutes
couronnées d'un groupe de maisons blanches
comme l'albâtre, ou d'une église à la flèche élan-
cée, dont l'azur va se fondre avec celui du ciel.

C'est sur le penchant de l'une de ces collines, en‑
tre une humble chapelle de village, et les murs
séculaires d'un couvent, où de pieux *cénobites* faisaient entendre, il y a cinquante ans, les louanges
du seigneur, que prit naissance le jeune Félix
Clavé, qui est aujourd'hui l'objet des discussions
les plus piquantes, et des conjectures les plus har-
dies. A peine avait-il un sentiment obscur et confus
de son existence, que les principaux membres de
sa famille formèrent le projet de s'éloigner un peu
des lacs azurés qui dormaient au-dessus de leurs
têtes, et des cascades bruyantes qu'ils entendaient
derrière eux, pour descendre dans cette plaine fer-
tile du Bigorre qui déroulait à leurs pieds, des
milliers d'arcs-en-ciel, coupés, dans toute leur
largeur, par ce long ruban sinueux qu'on appelle
l'Adour; l'Adour, fleuve paisible, nayade bienfai-
sante qui se plaît à verser le tribut de ses eaux
pour le bonheur du midi de la France, et qui,
même dans ses caprices d'hiver, ne rappelle nulle-
ment les fureurs de ce Rhône perfide qui menace
parfois d'engloutir les cités les plus florissantes.
C'est dans la modeste Rome du Bigorre, dont Ba-
gnère est le Tivoli, dans Tarbes, en un mot,

qu'alla s'établir une partie de cette famille dont on
apprécia bientôt les qualités et les vertus, non
moins que les manières distinguées. Aussi l'un des
restes les plus nobles de la cour de Louis XVI, la
baronne de Lustar, ne tarda-t-elle point à mettre à
la disposition des dames Clavé, jeunes institutrices,
un hôtel dont le jardin était baigné par un ruisseau si pur et si limpide, que ses ondes transparen-
tes servaient de miroir à l'enfance du voisinage.

Dès que le jeune et frêle nourrisson des montagnes, dès que Félix Clavé fut en âge de franchir
les flots de cristal que ce ruisseau paisible roulait
sous une voûte de feuillage, il ne manqua point
d'aller prendre ses ébats dans une plaine émaillée
de marguerites printanières; et là, les sons mélan-
coliques de la corne-muse champêtre charmaient
l'éveil de son intelligence. Lorsqu'il rentrait au
logis, un essaim de beautés de tous les âges volait
vers lui pour le fêter. D'un bond il s'élançait dans
leurs bras, et vous eussiez dit un parterre de fleurs
qui s'inclinent, pour recevoir un papillon léger sur
leurs corolles de pourpre et d'argent. Tout semblait
donc sourire à Félix, dès ses plus tendres années.
La nature et les hommes s'étaient donné le mot,

pour n'offrir à ses regards que les images les plus
riantes et les plus douces. Combien les soins tou-
chans de ces jeunes grâces qui se disputèrent la fa-
veur d'abord de tenir ses lisières, et plus tard de
lui céder le prix à la course, n'ont-ils pas dû in-
fluer sur son caractère! Quelque heureux que soit
son naturel, il ne fera jamais que refléter tout ce
qu'il y avait de pur et de tendre dans leur âme.
Des abeilles ne déposent point, il est vrai, leur
miel sur ses lèvres d'enfant comme sur celles de
Platon; mais pour que son style ne soit pas moins
suave que la manne du désert, pour qu'il pénètre
au fond de notre cœur et y cause un léger frémissement de plaisir, il lui suffira d'allier à une aimable audace de pensée la pureté et l'harmonie du
langage qu'il entend chaque jour, et de dérober
leur frais coloris à ces belles campagnes, où, pendant huit mois de l'année, les perles de l'aurore
semblent se marier aux fleurs du printemps.

Bientôt M. Clavé père, homme de lettres, et,
ce qui est bien plus rare, homme de goût, dans
le désir bien naturel de donner une brillante édu-
cation à son fils, prit le parti de se rendre avec lui
à Bordeaux.

Voici comme le second acte du drame en six tableaux, que je dois dérouler aux yeux de mon lecteur.

Au milieu de ces longues rangées de maisons à cinq étages, au sein de la sombre basilique de Saint-Michel, dont le regard le plus subtil aperçoit avec peine la voûte, et aux pieds des flèches de la cathédrale qui s'élancent fièrement dans les airs, Félix Clavé, encore bien jeune, n'eut pas de peine à comprendre qu'il était encore bien petit. Plus avide d'impressions et d'émotions nouvelles qu'un enfant ordinaire, il mesura longtemps de l'œil cette belle ligne d'architecture jetée sur la Garonne, qui serait le chef-d'œuvre de l'art, si le pont suspendu de Saint-André de Curac n'était encore plus merveilleux ! Mais, ce que je voudrais en vain dépeindre, c'est le respect sublime avec lequel il se découvrit, comme un brave devant son drapeau, à l'aspect de ces milliers de navires qni faisaient flotter les couleurs de toutes les nations, dans ce port de rivière, en forme de croissant, la miniature du port demi-circulaire de Constantinople. Vous eussiez dit un enfant qui contemple avec un saint enthousiasme, dans un grand demi-

cycle, les portraits de ses aïeux. Mais c'était quelque chose de mieux encore : c'était la première
lueur de vocation pour les voyages lointains qui
apparaissait; c'était comme le premier battement
de cœur d'un cosmopolite intrépide qui se faisait
sentir. Tous ces bâtimens s'étaient pavoisés, pour
célébrer la naissance d'un prince français qui su-
bit maintenant les rigueurs de l'exil ; mais Félix,
comme s'ils n'avaient pris ces couleurs de fête que
pour lui seul, se dit en lui-même : « Ils sont ve-
nus me voir dans ma patrie ; je ne manquerai pas
de leur rendre un jour cette visite. » Dès qu'il eut
fait connaissance avec l'ancienne capitale de la
Guienne, où commanda longtemps le vaillant duc
d'Espernon, le seul qui ne fléchit point devant
l'inexorable Richelieu, il témoigna le désir de
connaître aussi les plantes et les fleurs qui embel-
lissent ses environs. Ce fut M. Laterrade, l'auteur
de *la Flore bordelaise*, qui se chargea de l'intro-
duire dans cette charmante société, à laquelle il
crut devoir présenter lui-même à son tour, deux
frères jumeaux qui réaliseront, un jour, les belles
espérances qu'ils faisaient déjà concevoir à leurs
jeunes amis. J'en prendrai volontiers pour garant

l'ombre auguste de l'éloquent pair de France qui
tint l'un d'eux sur les fonts baptismaux, de l'illustre
Lainé.

L'étude attrayante des simples tempérait toujours
chez Félix Clavé la sécheresse des études classi-
ques. Toutefois, il ne pâlissait point sur ces diffi-
cultés des auteurs grecs et latins qui resserrent le
cœur, et défleurissent l'imagination, sans tourner
au profit de l'intelligence. Un long recueil de no-
tes, bagages respectés d'un commentateur inoffen-
sif, n'avait pas non plus beaucoup d'attrait pour
un élève, qui, dès ses premiers pas dans la carrière des lettres, devait répandre un nuage de
fleurs. Il sentait vivement, il est vrai, les beautés
de Virgile; mais, chez lui, ce profond sentiment
était moins le résultat d'une pénible analyse, et
d'une imitation longue et servile; qu'un instinct
de son esprit aussi facile que les mouvemens de la
gazelle, aussi ennemi des entraves que le chevreuil
des Pyrénées. L'art dans lequel il excellait pour
son âge, c'est celui des narrations françaises, qui,
s'il était plus religieusement cultivé, doterait sans
doute la France de quelques écrivains de plus.
Dussé-je flatter mon héros, j'apprendrai à tous

ceux qui liront son histoire, qu'il fut assez favo-
risé de la nature pour naître narrateur, comme
La Fontaine était né conteur. Son père, et l'on prenait peut-être pour une illusion de père ce qui
n'était qu'un sentiment réfléchi du génie qui se
révélait, son père témoignait ouvertement son ad-
miration pour les petites compositions de ce jeune
homme de quinze ans, et taillait avec zèle et bonheur les premiers jets d'une sève qui semblait pro-
mettre des branches vigoureuses, et le feuillage le
plus épais. Nous devons lui savoir gré, toutefois,
de n'avoir pas laissé son fils se livrer trop longtemps
à une stérile contemplation des statues de Montai-
gne et de Montesquieu, et d'avoir fait une infidé-
lité aux rives de la Garonne, comme à celles de
l'Adour, pour voler sur les bords de la Seine, qui
est le rendez-vous obligé de tout ce qui a quelque
prétention à la gloire, de toutes ces grandes acti-
vités qui voient une conquête à faire dans l'avenir.
Félix, qui regardait, sans être ébloui, le temple
de la célébrité; qui, je dirai même plus, aurait
presque montré du doigt la place où son nom serait inscrit, effet merveilleux d'une espèce d'illu-
mination intérieure produite par une extrême sen-

sibilité,... Félix n'eut pas grand peine à se résigner à la volonté de son père. Déjà il a jeté un premier coup d'œil sur Paris ; mais cette première vue le laisse froid et mécontent, tantôt de lui-même, tantôt de la renommée. Il ne retrouve, au milieu de ce vaste amas de maisons, ni le magnifique rideau des monts Pyrénées, ni l'arc brillant que forme la belle ville qu'il a eu le courage de quitter à jamais, par amour pour la gloire, ni le palais resplendissant d'Armide, dont il a lu la description dans le *Tasse*. Or, voilà les trois grands tableaux qui sont toujours présens à ses yeux ; les trois tableaux dans lesquels s'est incarné, en quelque sorte, le sentiment du beau qu'il porte en lui, et auxquels, par conséquent, il doit maintenant comparer tous ceux qui frappent ses regards. Mais, de même qu'il faut analyser le corps humain, pour en comprendre le mécanisme et en saisir l'admirable économie, de même il faut examiner chaque monument de Paris, en particulier, pour apprécier les beautés de cette grande capitale. Le jeune Clavé, qui volait alors de ses propres ailes, ne tarda point à faire cette sage réflexion. Il commença donc à étudier à part chaque monument ; et plus il avança

2

dans cette étude, plus il sentit que c'était à lui de
grandir, et de s'élever à la hauteur des concep-
tions des premiers artistes en tout genre. Il parvint
bientôt à les comprendre, ou à les deviner par
sentiment et par instinct. Dès lors, la vaste carrière
des lettres sembla s'ouvrir devant lui. Bien loin
cependant de s'y précipiter avec une ardeur effré-
née, il eut le bon sens de mesurer longtemps ses
forces, et de perfectionner ses premières produc-
tions avec cette longue patience qui alimente du
moins le génie, si elle ne peut le créer. Il eut encore le bon esprit de se baigner le moins souvent
possible dans les eaux de son siècle. C'était là une
règle de conduite non moins sage, selon moi, que
celles que s'était imposées Descartes lui-même, et
qui révélait des principes arrêtés, gages infailli-
bles de succès. Je pense, en effet, que c'est surtout à cet isolement systématique de son siècle,
qu'il doit cette simplicité de bon goût, et cet atti-
cisme que nous avons admirés dans les colonnes
des journaux qui ont rapporté ses lettres, ainsi que
cette exaltation de sentiment qui est loin de dé-
plaire à ceux même qui la blâment, et qui fait de
lui un écrivain d'un caractère inappréciable par
le temps qui court.

On s'aperçoit, qu'à l'exemple de la grande école du xviiᵉ siècle, avant d'emprunter au Titien et au Corrège leurs palettes brillantes pour colorer sa pensée, il a soin de la dessiner complétement avec le crayon sévère de Raphaël. Aussi, avec quelle limpidité ne coule pas sa plus longue période ; et combien le cœur est doucement agité, lorsque l'œil en a mesuré toute l'étendue !

Hâtons-nous de le dire, cependant, l'éclat du réseau d'or qu'il jette sur sa poésie, et la brûlante vapeur qu'elle exhale, ne tiennent pas uniquement à la précaution qu'il a prise d'éviter, pour ainsi dire, tout contact avec son siècle, ni à son amour prononcé pour la retraite. Les profondeurs de la solitude peuvent nourrir et accroître, il est vrai, l'exaltation des sentimens ; mais elles ne sauraient produire un esprit supérieur, sans quelque autre puissant auxiliaire. Cet auxiliaire puissant, je l'ai nommé dans ma courte introduction, lorsque j'ai parlé de la sensibilité merveilleuse qui caractérise Félix Clavé. Il semble qu'il ait dérobé aux femmes d'élite qu'il a toujours vues, tout ce qu'elles avaient d'aimant et d'aimable au fond du cœur. Mais, chose étrange, l'ardeur de cet amour

qu'il peint, en traits de flammes, dans ses vers
mélodieux et dans sa prose coulante et facile, n'é-
tait pas, comme on se l'imagine, sans doute, ins-
piré uniquement par une simple femme. Cet
amour, quoiqu'on en puisse dire, partait de bien
plus haut. Félix, éminemment sensible, impres-
sionable et rêveur, s'égarait souvent dans l'immensité de l'espace, et se plongeait dans l'océan
des attributs de l'éternel. Ce bain céleste effaçait
toutes les taches de son âme, et il en sortait pal-
pitant d'espérance et rayonnant d'amour. Tous les
objets qui s'offraient à ses yeux étaient regardés
avec complaisance; et parfois il finissait par les
aimer; mais c'était Dieu même qu'il aimait en eux.
Aussi son amour était-il pur comme celui d'un
chevalier du moyen âge. Il était prêt à verser tout
son sang pour sa dame, et n'exigeait d'elle qu'un
soupir. Avec quel accent persuasif ne disait-il pas:
« Une femme... une femme... c'est Dieu! » Je ne
prétendrai pas cependant que la grâce et la beauté
n'exerçaient point sur son âme leur influence magi-
que, et qu'il n'y avait rien d'humain ni de terrestre dans ses choix et dans ses préférences; mais je
soutiendrai, à la face du ciel, que tous ses senti-

mens témoignaient d'un parfum d'amour poé-
tique et religieux... On comprend maintenant, et
c'est là une conséquence morale que j'ai à cœur de
tirer, en passant, de la rapide esquisse de ces
mœurs aimables et chevaleresques ; on comprend
maintenant combien il est facile de dissiper les
nuages qui se sont groupés autour du noble caractère de Félix, à l'occasion des diamans qui ont
fait tant de bruit. La discrétion d'un homme semblable ne saurait s'acheter, surtout au prix de
quelques bijoux. Nous citerons plus bas une de
ses généreuses déterminations bien propre à mettre en relief toute la grandeur de son âme. Pour
le moment, nous nous bornerons à dire que ma-
dame Lafarge, si toutefois elle n'est point la cari-
cature d'une femme célèbre de notre siècle, si elle
a du cœur, comme nous aimons à le penser, a dû
horriblement souffrir, lorsqu'elle s'est crue obli-
gée de mettre en jeu un nom qu'elle ne saurait dé-
tester, car très certainement Félix ne lui avait joué
aucun mauvais tour. Toujours maître de son âme,
il avait su réprimer un premier mouvement de dé-
pit, lorsque son amour-propre avait été blessé au
vif par une épître indiscrète. C'était même un bel

exemple de générosité dont elle aurait pu faire son profit, ainsi que son ancienne amie, au lieu de se faire une guerre acharnée qui ne tendait à rien moins qu'à mettre leur honneur en lambeaux. Mais, outre que Félix n'avait répondu à une pièce mordante que par les procédés les plus polis et les plus délicats, n'avait-elle pas trouvé en lui un homme de lettres sensible, rêveur, un peu exalté peut-être, en un mot, la fidèle image de tout ce qu'il y avait de bon en elle? Oh! oui, elle a dû souffrir; car on ne compromet pas impunément le nom d'un homme qui a su mériter notre sympathie, captiver notre affection, et qui nous a écrit des lignes telles que celles-ci : « Que je l'aurais ai-
» mée celle qui m'aurait dit : Je veux t'arracher à
» l'exploitation de l'homme, je veux t'associer à
» mon sort; au lieu d'écrire, et d'effeuiller les ro-
» ses, de ta pensée, tu leur laisseras le temps de
» s'ouvrir, pour qu'elles soient plus brillantes et
» plus parfumées, à l'ombre de mon amour. Tu
» nourriras ton imagination pour que ton génie
» domine les hommes, au lieu de les amuser un
» instant. »

Cependant cet esprit *cachait déjà la profon-*

deur sous les grâces, comme M. Villemain l'a dit de
Voltaire. Il n'était pas étranger aux plus hautes questions religieuses et philosophiques. Celui qui prend
l'amour pour l'objet de son culte, et qui comprend
que c'est l'amour qui a élevé les montagnes, étendu
les plaines, et semé ces myriades de globes qui scin-
tillent dans l'espace, doit se livrer aux investiga-
tions les plus profondes sur la nature de Dieu.
Quoiqu'il n'eût pas longtemps médité les savantes
analyses du psychologue Jouffroy, Félix avait un
programme arrêté sur la constitution de l'esprit humain, qu'il considérait comme un pâle reflet, une
espèce de miniature de la première cause. Combien
de fois, pendant qu'un bel enfant aux boucles de
soie dorée se livrait à d'aimables ébats sur un ta-
pis de verdure, ne se plut-il pas à traiter, au milieu d'un cercle d'amis, comme un nouveau So-
crate, les questions les plus relevées de l'ordre
physique et de l'ordre métaphysique. Je crois l'entendre s'exprimer à peu près en ces termes : « Les
trois facultés principales de l'esprit humain : la
sensibililité, l'intelligence et l'activité sont la
manifestation et l'expression abrégée des trois
grandes forces qui ont produit l'univers. Ces for-

ces, dont le foyer est Dieu, et qui ne sont autre
chose que ses propriétés, ses propres attributs, ont
agi de toute éternité; car Dieu est nécessaire-
ment éternel. Par conséquent, de toute éternité,
elles ont infusé avec profusion, dans l'immensité
de l'étendue, tous les élémens des mondes, pour
y être organisés dans le temps. Mais comment
cette matière infiniment subtile, ces élémens in-
fusés ont-ils été organisés dans le temps, ou, en
d'autres termes, comment le monde a-t-il été
créé? Question que ne résout pas clairement le récit laconique de Moïse... Ces espèces de gaz ont été
comprimés, à diverses époques, en certains points
de l'espace, d'après des lois physiques, émanant
des trois grandes forces génératrices; et cette com-
pression, habilement ménagée, a produit ces globes sans nombre qui nagent dans l'infini. Chacun
de ces globes est soumis aux lois générales; chacun
d'eux atteint, comme notre corps, un point culmi-
nant de splendeur et de perfection qui est suivi
d'une décomposition lente, il est vrai, mais cons-
tante. Lorsque cette décomposition est sur le point
d'être complète, une fin de monde partielle est sur
le point de s'opérer. Ne dites donc pas que la fin

de tel globe n'aura jamais lieu : c'est aussi absurde
que si vous disiez qu'un homme ne mourra jamais.
Mais quel est le dernier terme de cette décomposition progressive ?... c'est évidemment la fusion.
C'est donc par la fusion que tout globe doit se dis-
soudre et finir. Les éruptions des volcans, les gor-
ges souterraines qui font entendre un effroyable
murmure, n'annoncent-elle pas qu'un feu dévo-
rant brûle sans cesse les entrailles de la terre, et
qu'un jour viendra où cette planète que nous em-
bellissons avec tant de peine, se réduira en un gaz
subtil, qui, dans des milliers de siècles, ira former
quelque autre terre, plus ou moins semblable à
celle-ci, dans un autre point de l'espace ?... Oui
c'est ainsi que les mondes finissent, recommencent
et se perpétuent éternellement, au souffle de la volonté puissante qui se manifesta une fois de toute
l'éternité.

Et qu'on ne dise point que cette explication dé-
truit l'autorité du récit de Moïse; car, remarquez-le
bien : elle ne tend pas à faire entendre que la terre
n'a pas, depuis environ six mille ans, la forme que
nous lui voyons; or, c'est là tout ce que l'historien
des premiers temps a voulu dire. Que signifient, en

effet, les paroles par lesquelles il nous apprend, par exemple, que Dieu créa tel jour le soleil et les étoiles, sinon, qu'à telle époque, le soleil et les étoiles ont été visibles de la terre? S'agit-il ici d'une création absolue? Non, évidemment non. La création absolue et réelle a été infiniment antérieure, a été contemporaine de l'acte de l'éternelle volonté.

D'après la trempe d'esprit de mon héros, je crois pouvoir lui prêter cette doctrine, bien certain qu'il ne la désavouera point. Et si je touchais à une question encore plus irritante et plus agitée, à celle de l'incarnation, je suis encore persuadé qu'il m'autoriserait à la résoudre pour lui dans les termes suivans : Les Orientaux ont cru à plusieurs incarnations longtemps avant Jésus-Christ. Ce dogme là n'est donc pas une invention des chrétiens. Serait-il le résultat, et comme le dernier mot de la fusion des doctrines orientales? Je ne le pense pas. Il est beaucoup plus logique de le regarder comme l'expression d'un fait actuellement accompli, que les Orientaux eux-mêmes jugeaient possible. Et comment, en effet, ne pas le tenir pour possible? Les trois grandes forces qui seules existent par elles-mêmes, qui seules ont tout produit, ne peuvent-

elles pas se manifester, dans le temps, avec un plus
haut degré de puissance et d'énergie? Par conséquent, loin de nier une incarnation, il faudrait
penser, au contraire, qu'une seconde incarnation
est imminente après le cataclysme intellectuel et
moral qui nous menace.

Bien plus, si une incarnation s'est opérée ici bas,
pour dissiper les ténèbres de l'esprit de ces hommes
pour qui tout était Dieu, si ce n'est Dieu lui-même,
il a dû s'en opérer également une ou plusieurs dans
chacun des globes immenses qui gravitent dans l'é-
tendue, afin de les éclairer.

Tel est le sentiment de Félix sur cette grave question. La sensibilité ou l'amour, l'une des trois propriétés de l'éternel dont j'ai parlé, celle que les
chrétiens nomment Saint-Esprit, suivant la philo-
sophie de M. de Lamennais, était, comme je l'ai dit,
l'unique objet de son culte. Aussi brûlait-il quelques grains d'encens aux pieds de tout ce qui pa-
raissait empreint d'un cachet de sensibilité. Sa pensée hardie et vagabonde se concentrait volontiers
dans un sentiment d'amour. Et si auprès des lam-
bris dorés, environné de l'éclat des plus élégantes
parures et d'une symphonie ravissante, on le voyait

sombre et taciturne, c'est qu'il rêvait sans doute à
une créature qui était l'objet terrestre de son culte
unique, et qui ne lui apprenait que trop bien qu'elle
n'était qu'une vaine et mensongère idole qui se
jouait d'une sainte crédulité. Cette pensée qu'une
femme jeune et belle avait pu profaner un sentiment aussi sacré, était une flèche empoisonnée qu'il
roulait souvent dans son cœur. Il prit enfin le parti
de s'étourdir et d'aller cicatriser sur des plages loin-
taines, ce cœur profondément ulcéré. Non moins
sensible à l'amour de la gloire qu'aux voluptés inef-
fables d'un amour pur et partagé, il entendit du
fond de sa retraite du Roule résonner les foudres de
guerre que nos soldats transportèrent en Afrique.
Derrière ces bordées d'artillerie, il aperçut des
plaines à défricher et des côteaux à planter. Ce tableau lui rappela les aventures de Robinson Crusoé
dont on charma les loisirs de son enfance, et l'idée
de réaliser une partie de ces aventures pleines d'in-
térêt, lui sourit bientôt, et l'assiégea continuelle-
ment. Que de motifs déterminans pour une âme
aussi entreprenante et aussi généreuse que la sienne,
se présentaient à son esprit !... D'abord, on admi-
rera son courage, en le voyant donner une leçon

de culture à des Arabes, entre les feux de leurs hordes barbares et de notre vaillante armée. Puis il y avait quelque gloire à être le premier à exploiter ce monde nouveau pour la France. Enfin, par un départ précipité, il se vengera noblement de l'oiseleuse perfide, qui, après l'avoir pris dans ses filets, s'est empressée de le mettre en liberté. Des habitudes nouvelles et un ciel nouveau pourront seuls lui rendre cette liberté supportable. C'en est fait ; il va partir pour une terre étrangère *où sa langue même ne sera point parlée.* Il va, plein d'espérance, planter drapeau sur cette terre fatale, où tant de guerriers, depuis les fureurs du brave Massinissa, jusqu'à celles de l'opiniâtre Abdel-Kader, ont couronné les plus brillans exploits par une mort souvent ignorée. Rien comme les autres, et tout par lui seul : telle semble être sa devise et sa règle de conduite. Mais, avant de partir, fera-t-il du moins son testament, comme le commun des hommes. Point du tout, ce ne serait point là du Félix. A la place d'un testament, il met au jour un petit volume de poésies gracieuses qui ont pour titre : *Les choses du cœur dites au cœur,* et il en distribue des exemplaires à ses amis. Dans ce recueil, dédié à Marie, il a rappelé la grâce de l'Albane et le coloris du Titien. C'est là qu'il a fait jouer sans effort tous les ressorts de cette sensibilité profonde qui était l'unique mobile de sa conduite, et qui lui faisait dire avec une naïveté sublime et un sérieux imposant : *« Quand je serai célèbre; quand je serai riche. »* Cette célébrité qu'il a obtenue, il la voyait, comme par une espèce d'intuition. Il lui reste à devenir aussi riche que célèbre ; et, sur ce point, fions-nous à son ardeur de vingt-sept ans, et au pressentiment qui le guide, qui le domine, qui est son génie familier.

Mais avant de le laisser s'embarquer pour l'Afrique, nous devons le réhabiliter, dans l'esprit de quelques personnes, en ajoutant quelques détails de mœurs que mon lecteur, je l'espère, me saura gré de n'avoir pas omis.

L'avenue magnifique des Champs-Élysées où l'homme élégant et poli a souvent des chances de succès, n'était point la promenade favorite de Clavé, quoique puisse faire supposer l'invitation séduisante qui lui fut un jour adressée. Sa figure douce et régulière, ses yeux vifs et parlans, sa taille avantageuse, son langage facile et distingué, son esprit

non moins cultivé que doué d'une aimable hardiesse
auraient pu, sans doute, y faire bien des victimes,
et s'y venger ainsi de l'affront, ou, pour mieux
dire, de la piquante espiéglerie dont il se plaint
dans une de ses lettres. Mais la vengeance n'allait
pas mieux à son âme qu'un cimeterre à la main
d'un évêque; et cette foule importune et brillante
qui vous coudoie, et vous couvre avec indifférence
d'un nuage de poussière, n'était pas assez poéti-
que pour l'attirer. D'ailleurs, il avait à remplir un
devoir doux et sacré qui lui prenait presque tout le
temps qu'il pouvait donner à la promenade. Sous
les voûtes sonores de la maison royale de Saint-
Denis, à l'ombre de la cathédrale, magnifique tombeau des rois de France, vivaient cloîtrées, et cependant heureuses, deux femmes chères à son
cœur, deux aimables parentes qui s'étaient éloi-
gnées du fracas de la société, persuadées, comme
de nobles Romaines, que les femmes dont on par-
lait le moins étaient les plus vertueuses. Il portait
ses pas vers leur antique demeure au moins une fois
par semaine; c'était comme un pélerinage heb-
domadaire qu'il s'était imposé: un véritable pélerinage; car c'est à pied qu'il faisait ordinairement

let rajet. Voici dans quel esprit il accomplissait toujours ce devoir plein de charme. Il gravissait avec
la rapidité d'un jeune montagnard le côteau de
Montmartre ; et, dès qu'il était parvenu au som-
met, il s'arrêtait un instant pour dire adieu à son
siècle, et pour recueillir avec un sentiment religieux, les souvenirs du passé que ne manquait pas
d'éveiller en lui l'aspect de la sombre basilique de
Saint-Denis, dont Louis XIV avait eu soin d'éloigner les pompes et les fêtes de Versailles. L'ori-
flamme, cet étendard présage de la victoire qu'al-
laient y prendre les monarques français avant de
marcher au combat, des tentures de velours violet
semé de larmes d'argent, un autel d'argent massif,
des soleils d'or enrichis de diamans, monumens
somptueux de la piété des princes chrétiens, le cha-
pitre royal où d'illustres évêques vont s'ensevelir
avant le temps, et, par dessus tout, l'ombre auguste
de l'abbé Suger qui gouvernait presque l'Europe du
fond de son cloître austère ; tels étaient quelques
uns des objets de sa pensée. Pénétré d'un saint respect, il s'avançait lentement dans la plaine, et allait s'humilier auprès de ces pierres glacées qui re-
couvrent tant de grandeurs. — Enfin les portes de

la maison royale lui sont ouvertes, et sa qualité de frère fait même tomber devant lui la grille importune et sévère du parloir. Il va donc retremper son âme auprès de ses deux sœurs, fraîches et pures comme la rosée du matin. Elles arrivent revêtues de l'uniforme noir de la maison, et décorées de la croix de la Légion-d'Honneur, symbole de leur autorité. Dès qu'elles aperçoivent leur frère, elles se jettent à son cou ; et mille paroles tendres et gracieuses sont échangées dans l'heure bien courte accordée au visiteur. Mais au milieu du récit le plus intéressant, maudit soit d'une règle inflexible! Voilà qu'une voix sonore et vibrante vient annoncer aux trois causeurs que l'heure est écoulée. Le visiteur assidu se retire sur-le-champ, gratifié d'un baiser, d'une caresse et d'un conseil de chacune de ses sœurs. Il regagne la grande ville, heureux et léger comme l'ermite qui s'est livré pendant une heure à l'oraison mentale.

Avant de découvrir les colonnes et les dômes étincelans qui se détachent des toits sombres et grisâtres de Paris, il voit s'élever sur le penchant de Montmartre, au milieu d'un bois de cyprès funèbres, le mausolée de la famille des Montmorency;

et ce monument religieux lui rappelle la fatale
destinée de ce brave et brillant Montmorency que
Louis XIII fit périr, moins peut-être parce qu'il
avait embrassé un parti contraire au sien, que
parce qu'on avait surpris à la garde de son épée le
portrait d'un objet qu'il affectionnait lui-même.
Enfin, Paris tout entier s'offre à ses regards; et
alors il rentre, pour ainsi dire, dans son siècle. Il
pense d'abord que ces hauteurs mêmes de Montmartre où, tranquille et rêveur, il respire un air
si pur, étaient le glorieux calvaire où la plus brillante école du royaume, d'École-Polytechnique,
devait s'immoler, il y a vingt-cinq ans, sous l'é-
tendard de l'honneur et de la patrie. Bientôt il croit
entendre, sous ses pieds, un bruit semblable aux
accents lugubres que fait retentir la cloche colos-
sale de l'Hôtel-de-Ville de Bordeaux, au moment
d'un incendie. Ce murmure long et sourd électrise
son imagination; et aussitôt cet oracle sinistre jaill-
lit de son cerveau, et va expirer sur ses lèvres glacées : « Les flancs caverneux de cette montagne
recèlent un dragon plus vivace que les corneilles,
qui lancera, dans quelques siècles, par cent gueu-
les béantes, des gerbes de flammes et des tourbil-

lons de fumée qui réduiront en cendres tout Paris. » C'est en vain qu'il voudrait exprimer de sang-froid cet oracle infaillible. Les deux larmes qu'il a surprises aux yeux de ses deux sœurs, au moment de la séparation, brillent maintenant aux siens ; et il s'écrie du fond de son cœur : « O Paris, flambeau des peuples modernes, lors même que les nations étrangères, malgré l'envie que leur inspire ta splendeur et ton éclat, respecteraient tes monumens comme ceux d'une mère-patrie, tu n'en périras donc pas moins par les flammes ! et peut-être même est-ce par toi que doit commencer la grande catastrophe de la fusion générale de la terre. »

Après ces tristes réflexions et ces émotions pénibles, il avait hâte de rentrer dans cette grande cité où le génie du mal dispute si ardemment l'empire à celui du bien, et de rapporter à une mère pleine de sollicitude la conversation qu'il venait de tenir à Saint-Denis. Sa mission remplie, loin de méditer des conquêtes, comme le donnerait à penser une version beaucoup trop accréditée parmi les esprits jaloux et ombrageux qui voient un pied d'éléphant dans une patte de mouche, et que ne

peuvent rassurer ni les livrées ni les cachets de la
vertu, loin de descendre dans cette arène des in--
trigues où l'amertume du repentir est le seul prix
de la victoire, il rêvait à son avenir, et à la célébrité future dont il avait le pressentiment. Mais
tandis qu'il en réunissait et combinait les élémens
avec une ardeur peut-être impatiente, il était bien
loin de se douter qu'il l'obtiendrait si vite, et
qu'elle lui viendrait du côté où il l'attendait le
moins. Il a dû être surpris à l'égal de l'homme qui
verrait le soleil se lever au couchant. Conquérir
l'immortalité par quelques lignes sentimentales,
c'est un bonheur inouï. Jamais on ne l'a conquise
à moins de frais. Ses vers brûlans à la main, la
tendre Sapho elle-même ne se serait peut-être
point immortalisée sans une mort tragique. Il ne
se doutait pas non plus qu'un jour viendrait où
on le prendrait successivement, tantôt pour un
danseur de l'Opéra, tantôt pour un employé des
vivres de l'armée, tantôt enfin pour une tête fêlée,
qui, frappée de stupeur en voyant le résultat de
ses anciennes aventures, se serait donné le coup de
la mort. Non, Félix n'est rien de tout cela. Il n'est
point surtout de la secte de ces modernes stoïciens

qui s'imaginent qu'un revers nous donne des droits sur notre vie. Il appartient à une école plus ancienne, plus conséquente et plus méthodique ; à celle que Moïse fonda, et que modifia Jésus-Christ ; à cette école qui se prête merveilleusement bien aux plus larges interprétations sur la création du monde ; mais qui ne saurait souffrir de dissidence en fait de morale, parce que la morale qu'elle prêche n'est autre chose que l'expression de la morale éternelle, absolue et nécessaire.

Nous ne devons pas perdre de vue que nous avons quitté un instant Félix, au moment de son départ pour Alger. Je ne retracerai point les angoisses de ce départ, attendu que je n'aime pas les tableaux qui brisent le cœur. A ce titre, je serais un fort mauvais tragique sans doute ; car le grave Aristote nous apprend que le propre de la tragédie est d'exciter la terreur ou la pitié. J'irai tout simplement retrouver mon héros à Toulon, au moment où, mettant le pied sur un bateau à vapeur, il dit un premier adieu à sa patrie. Après quelques heures, pour ainsi dire, d'une heureuse traversée, tant est grande la puissance de cette vapeur qui nous fera bientôt fendre les plaines de

l'air aussi aisément que celles de la Méditerranée,
notre jeune colon descend à terre, la pioche d'une
main, et le sabre de l'autre ; car il doit, sinon conquérir, du moins défendre sa nouvelle terre pro-
mise. Il s'empresse de faire des acquisitions de ter-
rain, tant pour son propre compte, que pour celui
d'une compagnie dont il est l'agent ; et, quelques
mois après, il voit des oliviers s'enrichir de leurs fruits
âpres mais précieux, et des amandiers revêtir leur
blanche parure, symbole de la pureté de ses vœux et
de la candeur de son âme. Des lettres, qui révèlent
une Sévigné habillée à la mode du XIXᵉ siècle, viennent annoncer à ses heureux commettans le succès
de l'entreprise qui lui est confiée. La Méditerranée,
habituée depuis quatre ans à ne porter que l'acier
et le bronze effrayant des entrailles de la France,
voit avec étonnement glisser sur le marbre de ses
eaux, un papier voyageur, un pœan moderne de
joie, une espèce d'hymne triomphal. Il écrit à sa
mère, qu'il étreignait jadis de ses bras caressans
comme le lierre étreint le chêne, de belles et longues pages qui forment un précieux album de l'Algérie. Sa mère, à son tour, cette noble et tendre
Monique, répond à ce jeune Augustin, qui va

quelquefois rêver sur les ruines de l'ancienne Hip-
pone, par des lettres d'où s'exhale un parfum d'a-
mour et de piété. C'était un feu croisé d'épîtres
sentimentales, instructives et religieuses : c'était
une chaire d'histoire fondée sur les côtes d'Afrique,
et une chaire de morale établie faubourg du Roule.
Puissent les flots de la Méditerranée, de cette nappe
immense, qu'à l'exemple des Romains nous vou-
drions pouvoir appeler notre mer, puissent ces pai-
sibles flots murmurer à nos soldats ces touchantes
leçons, qui tempéreraient, en quelque sorte, l'ardeur du climat, et les délasseraient de leurs fati-
gues!... Mais le bruit du canon vint bientôt cou-
vrir ces concerts d'allégresse, et l'épaisse fumée de
la poudre obscurcir cette vive lueur d'espérance.
Armés de leurs longs mousquets, et suspendus sur
leurs chevaux du désert, les Arabes s'élancent dans
la plaine à laquelle ils semblaient avoir renoncé,
et malheur à qui veut opposer une digue à ce tor-
rent. Toutes les richesses des colons français sont
détruites par le fer et la flamme, toutes, à l'excep-
tion cependant du coin de l'Algérie, où Félix Clavé,
imbu d'une sage maxime de Voltaire, faisait ce
qu'il y a de mieux à faire dans ce monde : c'est-à-

dire, plantait modestement des légumes, et taillait lui-même ses jeunes sujets. Mais, lorsqu'un lion d'Éthiopie rugit au loin sur un sable brûlant, le chien, ce doux gardien de nos foyers, n'est point tranquille, même au milieu d'un oasis tapissé de verdure, et surmonté d'un dôme de feuillage. Félix Clavé sentit aussi que le danger excitait un léger frémissement de crainte au fond de son cœur. Néanmoins il n'aurait point abandonné l'oasis formé de ses propres mains, si les intérêts mêmes de ses commettans ne l'avaient rappelé à Paris. Il s'y rendit, rapportant pour toute fortune un costume d'Arabe, et des souvenirs vivans de ces monumens indestructibles que les Romains ont incrustés dans cette partie de l'Afrique, comme dans toutes les parties du monde connu. Son teint, blanc comme l'albâtre et la neige de ses Pyrénées, a fait place au teint rembruni des Arabes, et une barbe épaisse tombe majestueusement sur sa poitrine élargie. C'est presque l'Abraham d'Horace-Vernet.

Une seule chose n'est point changée en lui ; c'est la trempe de son âme. On y retrouve toujours la même générosité, la même série de convictions,

surtout la même piété filiale. C'est précisément
cette piété qui va être mise à une rude épreuve. Sa
famille, sentant que l'Algérie sera longtemps encore le théâtre d'une lutte sanglante entre les in-
digènes et les vainqueurs, use de tout son ascen-
dant pour le faire renoncer au projet bien arrêté
chez lui de retourner à son poste. Un riche et bon
parent a beau lui tendre les bras du fond du Mexique; son âme fière et active se révolte à l'idée
d'être mise, même par un véritable frère, sur la
voie de la fortune. Il veut, je l'ai déjà dit, en passant, tout devoir à lui seul. Il ne faut pas moins
que l'autorité d'une mère, d'une mère en pleurs,
d'une mère adorée pour dompter l'hydre de son
amour-propre, et pour qu'il se résigne à se laisser
conduire à la fortune par la main d'un ami. Il se
rend au Hâvre, où il s'embarque pour le Mexique,
avec les sentimens qui animent celui qui remplit
à contre-cœur un devoir sacré. Déjà un vaisseau
marchand emporte sur ses ailes rapides le jeune
aiglon qui lui est confié; et bientôt il le dépose sur
une aire nouvelle, où il ne tardera point à prendre un noble essort; car l'aiglon se repose parfois;
mais il ne change pas de nature. Fait pour planer

entre la terre et le ciel, à peine est-il habitué à un
climat, qu'il vole dans toute sa majesté.

Mais, avant de suivre Félix Clavé dans Mexico,
dans cette ville indolente et fortunée où les dames
fument dans leurs voitures, comme en France les
commis-voyageurs sur la banquette d'une dili-
gence, il faut le contempler un instant sur le tillac
du vaisseau qui le transporte. Les vagues agitées
se succèdent moins rapidement sous les flancs du
navire, que les pensées dans sa tête brûlante.
Tantôt il s'élève en esprit jusqu'au dieu des mers,
comme jadis M. de Châteaubriand, dans une traversée semblable, au milieu des matelots proster-
nés; et tantôt il se penche sur les ondes qui se re-
joignent derrière le navire, pour écouter si les
bords de la Seine qu'il a fuis par pitié filiale, ne
lui enverraient pas quelque soupir retardataire,
ou n'auraient pas à lui transmettre quelque étrange
nouvelle. Avant son départ, en effet, son œil d'ai-
gle avait pénétré dans les profondeurs d'un abîme,
et il avait cru entendre un retentissement sourd,
avant-coureur de l'éruption d'un volcan. Mais rien
ne frappe maintenant son oreille, rien, si ce n'est
le bruit monotone de ces vergues aux ailes funè-

bres qui semblent présager quelques scènes de
deuil, et dont le sombre aspect le plongeait encore
plus avant dans ses inquiètes rêveries... Si une
femme, pour laquelle son cœur a éprouvé de la
sympathie, venait jamais à se compromettre par
une inconséquence fatale, et à être la victime d'ap-
parences trompeuses, que devrait-il faire?... Se
jeter sans doute dans une barque fragile pour voler à son secours, en criant, comme César à ses
amis effrayés : « *Ne craignez rien*, j'accomplis ma
destinée!» où bien même traverser l'Océan à la nage,
comme Guillaume-Tell les lacs de la Suisse, et se
présenter tout-à-coup à un jury affaissé sous le poids
de sa pénible tâche, pour lui dire avec cet instinct de
la vérité, cette chaleur de sentiment qui caractéri-
sait le jeune Daniel : «Messieurs, Marie-Capelle
n'est point coupable; elle ne saurait l'être; je l'ai
trop estimée!... De fatales susceptibilités de femmes
l'ont conduite à votre barre; qu'elles disparaissent
au souffle de votre prudence. Anathème à qui con-
damne sur de simples probabilités !... »

Il dirait à un autre jury : «Messieurs, des diamans ont disparu ; mais ces diamans ne sont point
la monnaie de fer des Spartiates qu'un char seul

pouvait porter. Il a été facile de les prendre, de les
cacher, et de les déposer entre des mains innocen-
tes. Quel est donc ici le véritable ravisseur ? C'est
une énigme que je vous propose; et, lorsque vous
l'aurez devinée, levez-vous tous avec indignation
pour appesantir sur le coupable la main glacée de
la loi. Jusqu'alors, paix et liberté à la prévenue.
Qu'elle prenne sa part de soleil, et qu'elle aille
adoucir, auprès des débris de sa famille, l'amertume de sa douleur...»

Tels sont les discours que proférait Clavé du haut
du bâtiment qui nous l'a ravi, pour en faire pré-
sent au Nouveau-Monde...

Si maintenant nous allons le saisir au passage,
dans une rue de Mexico, nous le surprendrons,
tantôt modulant des vers majestueux, comme les
nappes azurées que déroulent les fleuves d'Améri-
que, tantôt dirigeant prosaïquement une spéculation
commerciale ; tantôt portant ses pas vers une forêt
séculaire, pour s'y livrer à sa passion favorite, à la
méditation ; tantôt, enfin, rentrant dans ses nou-
veaux pénates, vif et brillant comme le papillon dé-
livré de son suaire chrysalidal.—Voilà tout ce que
nous avons pu recueillir sur la vie intime de Félix.

Et puisque c'est sa vie que nous avons eu l'intention
d'esquisser, nous devrions, ce semble, nous arrêter
maintenant, et dire comme les auteurs de l'anti-
quité : «Retirez-vous, la pièce est jouée.» Mais ne
serait-ce que pour marquer cette biographie d'un
cachet tout particulier, nous allons en continuer
l'esquisse. Nous serons par conséquent obligé d'an-
ticiper sur les événemens et sur les faits. Avons-
nous donc la prétention de prévoir la destinée d'au-
trui? Pas précisément. Voudrions-nous imiter
Virgile, tirant le touchant horoscope du jeune
Marcellus, et faisant fondre en larmes Auguste et
son épouse? Pas davantage. Nous ne saurions prendre à notre usage cette ingénieuse tactique des poè-
tes, nous qui tenons tout simplement à montrer la
vérité à travers le prisme du roman ; et nous pro-
céderons d'une manière plus philosophique. Nous
invoquerons le principe d'induction, à l'aide duquel
on peut tracer les grands traits de l'avenir des peuples, et même des particuliers dont le caractère est
bien tranché. C'est-à-dire que ce que nous con-
naissons du caractère entreprenant et déterminé de
Félix, va nous servir à former le canevas du reste
de sa biographie, qu'un autre sans doute, que lui-

même peut-être se chargera de remplir. Si mon lecteur supposait que cette seconde et courte partie de
mon travail ne sera qu'un jeu de l'imagination ;
s'il m'accusait d'avoir la folle prétention de faire
pour la vie d'un homme ce que le savant Cuvier
faisait pour le corps d'un animal, qu'il reconstrui-
sait à la seule inspection de la moindre partie de
ses ossemens, je lui demanderais, pour toute grâce,
de conserver cet opuscule dans un rayon de sa bi-
bliothèque, de le placer pourtant un peu loin des pro-
phéties d'Eugène Bareste ; car je ne suis point pro-
phète : et si le temps ne justifie pas des conjectures
que la science historique autorise elle-même , en
expiation de ma singulière audace, je proclamerai
partout qu'un jury est infaillible, et que la politique
rend les hommes plus heureux que la littérature.
Oui , je m'engage à me torturer la conscience, en
publiant ces deux hérésies. — Il est inutile de décla-
rer que j'ignore tout aussi bien que mon lecteur le
nombre d'années que Dieu réserve à mon héros ;
mais, dans le cas où il lui laisse le temps d'exécuter
les projets qu'il mûrit , j'en suis certain, sous le
ciel du Nouveau-Monde, voici, en peu de mots, ce
qu'il fera. — D'abord, il ne souffrira pas qu'un au-

teur ait fait un ouvrage plus intéressant, plus ma-
gique, plus entraînant que lui. C'est à une fatalité
inouïe qu'il doit une célébrité européenne : il ne se
contentera point de cette célébrité précoce et presque usurpée. Il l'ennoblira, ou la renouvellera même
peut-être par quelque magnifique sortilége de son
esprit. Puis, lorsqu'il aura fait cette fortune qu'il
espère, et sur laquelle même il a lieu de compter,
puisque son espèce de sixième sens le lui a présagée,
viendra-t-il traîner dans Paris une vie oiseuse,
comme un simple banquier enrichi? Point du tout,
cette destinée serait trop vulgaire; et d'ailleurs, pendant que ses valets y regorgeraient de biens, son
âme y mourrait d'une faim dévorante. Il y passera
cependant, ne fut-ce que pour y tendre une dernière
fois la main à ses amis, pour leur laisser, dans quelque ouvrage d'inspiration, un nouveau gage de la
sensibilité de son cœur, et de l'élévation de ses pensées, et pour y saisir, de son œil pénétrant, jusqu'aux moindres détails du tableau de son siècle.
Mais à peine aura-t-il rempli les devoirs d'ami,
d'écrivain et de philosophe, qu'il se rendra dans
la belle partie du monde qu'il n'a point encore vi-
sitée, pour y saluer, après les Châteaubriand et les

Lamartine, les murs sacrés de l'antique Jérusa-
lem. C'est au ciel doré de l'Asie, sous lequel tous
les objets nagent dans la lumière, à cette terre
mystérieuse qui fut le berceau du premier homme,
et le tombeau de l'homme-Dieu, que Félix, à
l'exemple d'une lady célèbre, ira demander, vers
la fin de sa carrière, les douces impressions qui
charment le crépuscule de la vie. C'est là, sans
doute, qu'après avoir comme expié sa célébrité par
le recueillement et par l'oubli du monde, dans l'un
de ces édifices aux voûtes silencieuses qui couron-
nent le front du Liban, et qui jadis étaient le refuge
de nos preux chevaliers, il rendra, sans effort,
dans un moment d'extase ou de méditation, son
âme noble et pure au Dieu qui la lui confia.

FIN.

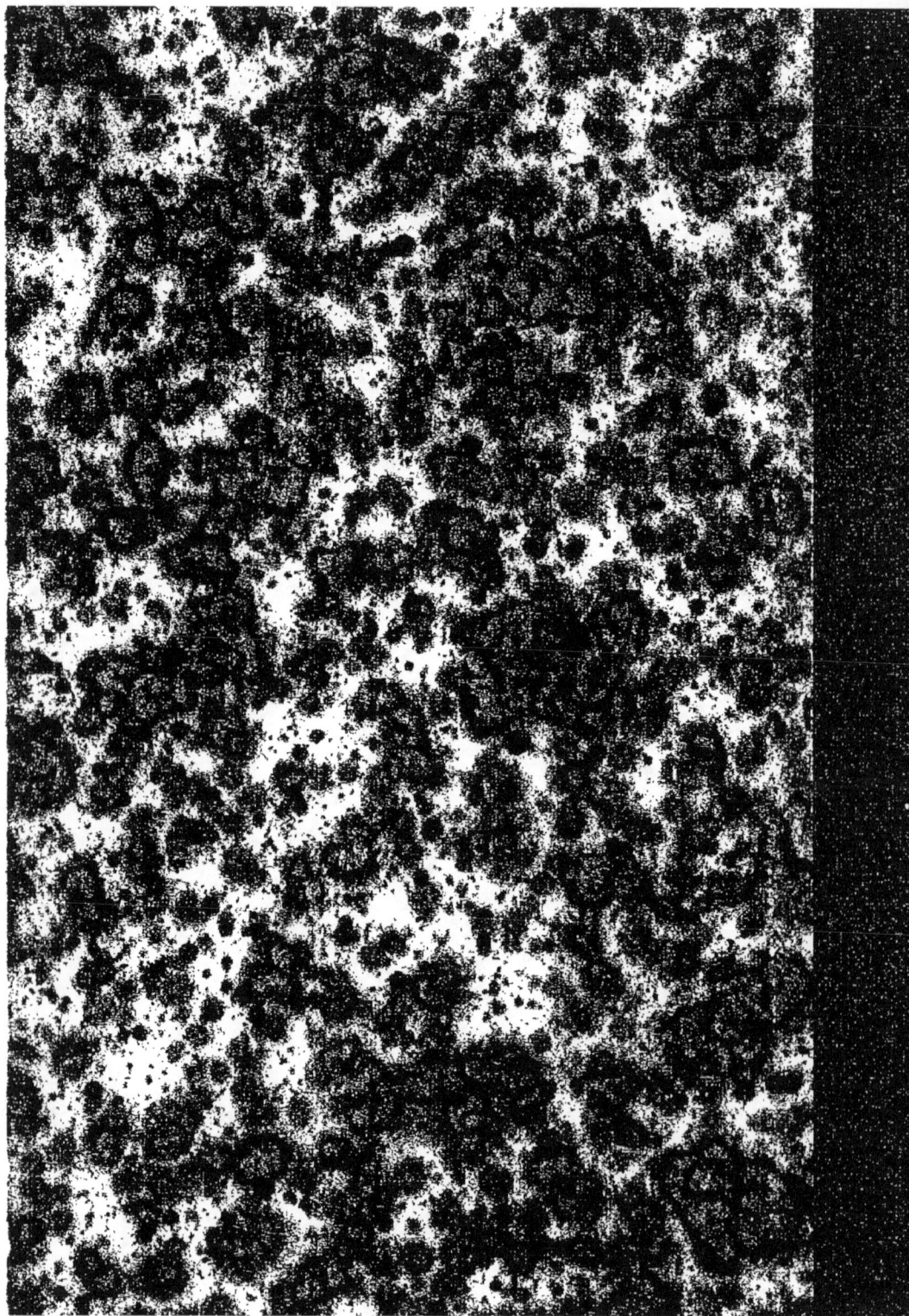